우리가 잘못 알고 있는 사실들

이게 정말 정답일까?

오렌지는 나무에서 열리지요? 그럼 바나나는요?

상어는 숨쉬기 위해 끊임없이 헤엄쳐야 하나요?

우리가 잘못 알고 있는 사실들

이게 정말 정답일까?

톰 잭슨 지음 | 김미선 옮김

책과콩나무

차례

1   6 - 27
오래된 착각!

오랫동안 믿어 왔던 잘못들 : 황소는 빨간색을 본다, 사막은 모래투성이다, 파리는 하루밖에 살 수 없다 등등.

2   28 - 43
그냥 틀렸어!

아폴로호가 달에 착륙했다, 껌 삼키기, 바닥에 음식 흘리기 등등.

3   44 - 67
누구나 그렇게 생각해!

당근이 눈에 좋다고 누가 그러던가요? 머리를 박박 밀면 머리카락이 더 굵어진다고요? 공룡이 진짜로 거대한 도마뱀일까요?

4 68-91

복잡한걸!

우주에서 중력이 작용하는 걸 보려면 땅을 더 깊게 파야 해요. 정맥의 피는 왜 파랗지 않을까요? 카멜레온은 어떻게 색깔을 바꿀까요?

5 92-103

대중 매체가 만든 착각!

대중 매체가 만들어 낸 잘못된 이야기를 파헤쳐 보아요. 자살하는 레밍, 공룡과 함께 거닐던 인간, 뉴턴의 사과 등등.

6 104-125

그럴듯하게 들리는걸!

믿으면 안 되는 말들 : 설탕을 먹으면 과잉 행동을 보인다, 북극곰의 털은 하얀색이다, 거미는 매우 위험하다 등등.

찾아보기 126-127

파리는 겨우 하루만 살 수 있다는데,
정말일까요? 우리가 들었던 말이
전부 맞는 것은 아니에요.
어떤 경우에 사람들은 아주 오랫동안
잘못 생각하고 살기도 하지요.

① 오래된 착각!

틀렸어요! 북극은
단 하나만 있다.

**나침반의 바늘이 가리키는 북쪽은
사실 '자북극', 즉 자기장으로 북쪽이에요.
진짜 북극에서 대략 1,200킬로미터쯤
떨어져 있지요.**

인공위성 항법 시스템은 위치를 찾을 때 **나침반**을 쓰지 않아요. 화살표를 자북극에 놓을 수도 있고, **실제 북쪽 방향**을 가리키도록 설정할 수도 있지요. **여러분 마음이에요!**

북극에 나침반을 놓으면 어떤 일이 일어날까요?

탐험가들이 북극에 다다르면 자기장 방식으로 만든 나침반은 작동을 멈춰요. 바늘은 곧장 아래 방향으로 가리키려고 하지만 그렇게 되지 않죠. 대신 주변에 쇠로 만든 물건을 가리키며 좌우로 흔들거려요.

북위 90도

실제(또는 지리학적으로) 북극은 지구가 **매일 24시간** 동안 **자전**하는 축의 가장 북쪽을 말해요.
(그러니 **남극**은 지구의 반대편 끝이 되겠지요.)

지구는 **거대한 자석**이에요! 지구의 가운데에는 **단단한 금속**으로 이루어진 핵이 있으며, 그 주위에 **자기장**을 일으키는 **철이 액체 상태로 빙빙** 돌고 있어요.
하지만 자석의 극과 지리적 극은 일치하지 않아요.

자북극은 잠시도 가만히 있지 않아요.
지금은 캐나다의 엘즈미어섬에 가장 가까이 있는데, **해마다 대략 40킬로미터씩 서쪽으로 움직이지요.**

지구의 자기장은 태양이 내뿜는 **플라스마** (엄청나게 뜨거운 가스)를 가두어 **극 방향으로 밀어내요.**
이때 대기와 만난 플라스마가 하늘에 **오로라**를 만들어 내지요.

 바닷물이 파랗게 보이는 이유는
하늘빛이 반사되기 때문이다.

색깔에 관한 세 가지 진실

- **빙산**이 하얗게 보이는 이유는 작은 공기 방울이 얼면서 물속에 갇히기 때문이에요. 아주 순수한 물이 얼어 버리면 아름다운 파란 얼음이 되지요.

- 이집트와 아라비아반도 사이의 바다 이름이 어떻게 '**홍해**'가 되었는지 아는 사람은 아무도 없어요. 하지만 홍해에만 이따금 자라는 **특이한 플랑크톤**에서 따왔다고도 해요. 플랑크톤이 바다 색깔을 붉게 만들거든요.

- 바닷속으로 900미터 정도 내려가면 **파란색이 아니에요.** 검은색이 되는데, 하루 종일 완전히 어둡기 때문이에요.

유리잔에 담긴 물은 투명하지요. 유리잔을 관통한 빛으로 색을 바꿀 만큼 물이 충분하지 않기 때문이에요.

바다는 하늘을 비추지 않아요.
하지만 햇빛에 있는 색깔을
바다가 흡수하거나 반사하기 때문에
하늘처럼 파란색이지요.

왜 바다와 하늘 모두 파랗게 보일까요?

햇빛은 무지개의 모든 색상이 섞여 투명하게 보여요. 이때 햇빛이 물 깊숙이 들어가면 붉은색과 초록색, 노란색은 흡수되어 버려요. 하지만 파란색은 반사되어 우리 눈에 들어오지요. 그래서 바다가 하늘처럼 파랗게 보이는 거예요.

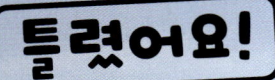

중국의 만리장성은 우주에서 볼 수 있는 유일한 인간의 건축물이다.

우주에서 **만리장성**을 볼 수 있으리라는 생각은 1754년 영국의 고고학자인 윌리엄 스터클리의 머리에서 처음 나왔어요. 윌리엄은 만리장성이 커서 **달**에서도 보이겠다고 여겼지요!

2003년 중국이 처음으로 우주 비행사를 보냈어요. 양리웨이는 맨눈으로 **만리장성을 볼 수 없다고** 확인했지요.

만리장성은 길이가 굉장히 길지만, **폭은 9미터**에 지나지 않아요.

우주에서 무엇이 보일까요?

우주 비행사들은 거대한 댐, 어마어마한 광산, 세상에서 가장 큰 건축물 등을 볼 수 있어요. 어두워지고 나면 대도시에서 반짝이는 빛도 볼 수 있대요.

우주 비행사들이 만리장성을 찾아보았지만 망원경 없이는 볼 수 없었어요.

중국의 **만리장성**은 길이가 **8,850킬로미터**나 되어요. 오늘날 우리가 보는 만리장성은 짓는 데에만 **1,700년**이 걸렸는데, **몽골의 침략을 받고** 나서야 건축이 중단되었어요.

틀렸어요!

콜럼버스가 항해하기 전까지 사람들은 지구가 평평하다고 생각했다.

1492년에 전문가 대부분은 지구가 둥글다는 것을 인정했어요. 그리고 이미 2천 년 전에도 그렇게 생각했지요.

고대 그리스 과학자는 **지구**가 틀림없이 **둥근 모양**일 거라고 생각했어요.
월식이 일어나는 동안, 지구의 그림자가 달을 덮기 때문이었지요.
그림자가 동그란 모양이니, 지구가 둥글다고 생각할 수밖에요.

지구의 크기를 처음으로 측정한 사람은
기원전 200년에 살았던 **에라토스테네스**였어요.

지구를 처음으로 일주한 사람은 **후안 세바스티안 엘카노**로,
1519년 마젤란이 이끌던 탐험선의 선장이었어요.

1935년, **익스플로러 2호**가 지구의 울퉁불퉁한
표면을 처음 사진으로 찍었어요.

비행기는 지구의 표면을 직선으로 나는 것처럼 보이지만,
사실은 **곡선을 그리며 비행**해요.

지구가 평평하다면 멀리 있는 물체를 볼 수 없어요.
지구의 울퉁불퉁한 표면이 시야를 가로막기 때문이지요.
더 멀리 보고 싶으면 높은 곳으로 올라가야 해요.

15

틀렸어요! 블랙 팬서와 표범은
다른 종류이다.

**블랙 팬서는 특별한 종의 표범이에요.
어두운 반점이 있긴 하지만
털의 나머지 부분도 어두운 색상이죠.
그래서 점이 잘 보이지 않아요.**

블랙 팬서의 털이 어두운 이유는
'멜라닌'이라는 화학 성분 때문이에요. **사람의 피부를
어둡게 하는 물질**과 같은 것이지요.

'팬서'는 그리스 단어에서 따온 이름으로, **'모든 동물을 죽이는 자'**라는 뜻이에요.

표범은 **큰 고양잇과 동물**로 주로 밤에 사냥해요. 아프리카와 아시아에 살고 있지요. 하지만 **검은 표범** 대부분은 **아시아의 열대 우림**에 살아요.

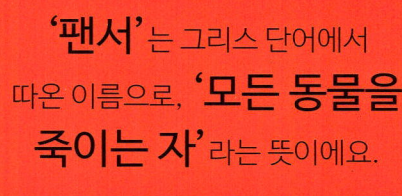

남아메리카 대륙에도 블랙 팬서가 살긴 하지요. 하지만 실은 **검은 재규어**예요.

표범의 반점은 한낮에 **위장**하기 좋아요. 특히 나무에 드리운 그림자 안에서 쉴 때 유용하지요. **털이 전부 까만색**이면 오히려 포식 동물의 눈에 띄기 쉬워요.

 사람들은 뇌의
딱 10퍼센트만 쓴다.

우리가 항상 뇌의 100퍼센트를 쓰는 건 아니에요. 하지만 다른 일을 할 때마다 다른 부분의 뇌를 사용하지요. 뇌마다 각자 역할이 있어요.

인간의 뇌가 일을 하려면 우리 몸에 쓰이는 에너지의 5분의 1이 필요해요. 심지어 잘 때에도 에너지가 필요하지요.

알고 있었나요?

- 인간의 뇌에는 뇌세포가 860억 개나 있어요. 모든 뇌세포 또는 '**뉴런**'은 수천 개의 다른 뇌세포와 연결되어 있어요. 그러니까 뇌는 **수백조 개의 신경 세포로 연결된** 셈이지요!
- **뇌의 표면**은 꾸깃꾸깃 접혀 있어요. 접힌 뇌를 평평하게 펼치면 **신문 두 장**을 다 덮을 정도로 크지요.
- 뇌는 회백질과 백질로 이루어져 있어요. **회백질**은 정보를 담당하고, **백질**은 회백질 사이의 신호를 보내는 역할을 해요.

아인슈타인이
엄청나게 똑똑했던
이유는 다른 사람보다
뇌를 더 많이 썼기
때문이라고 해요.

 파리는 24시간 동안만 살 수 있다.

파리의 수명은 길지 않지만 그래도 한 달 정도 살아요.

알고 있었나요?

- 파리는 먹이를 먹기 전에 토를 해서 부드럽게 만들어요. 그리고 **4~5분** 사이에 한 번씩 **배변**을 한대요. 우웩! 설마 음식 주변에 파리가 날아다니는 꼴을 보고 싶지 않겠죠!
- 파리는 위아래로 자유롭게 걸어 다닐 수 있어요. **발바닥 끝**에서 흘러나오는 **끈적끈적한 물질** 덕분이지요.
- 파리는 **더듬이로 냄새**를 맡고, **발로 맛**을 느낀다고 해요!
- **파리의 애벌레**인 구더기는 쓰레기나 훨씬 더 더러운 곳(똥)에서 살아요. 그리고 **36시간**도 채 되지 않아 파리로 자라지요.

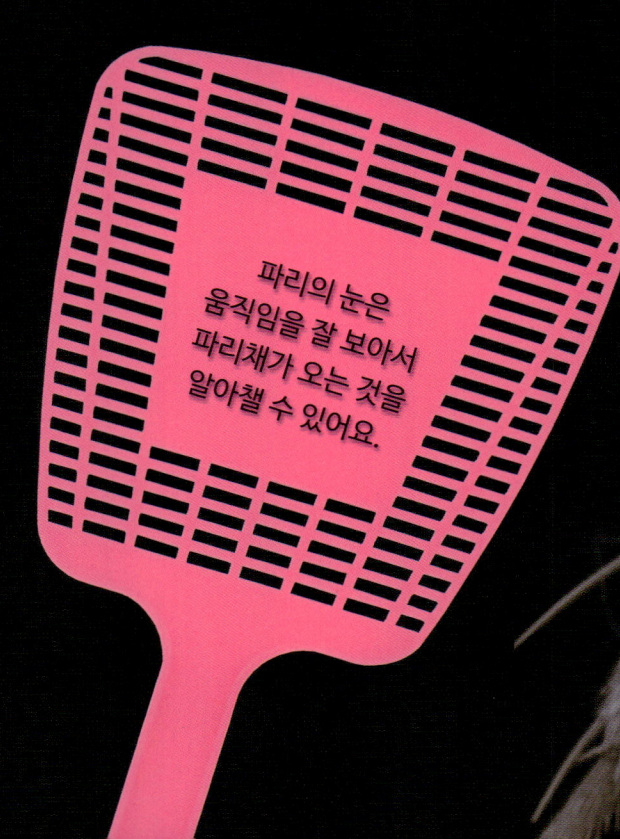

파리의 눈은 움직임을 잘 보아서 파리채가 오는 것을 알아챌 수 있어요.

틀렸어요! 황소는 빨간색을 보면 성나서 날뛴다.

황소는 빨간색을 구분하지도 못해요. 투우사가 망토를 흔들 때, 황소는 망토의 움직임을 보고 돌진하는 거예요.

황소는 수천 년 동안 스포츠 경기에서 활약했지요. 기원전 2천 년, 크레타섬에 살던 미노스 문명의 운동선수는 돌진하는 황소 위로 **공중제비**를 했대요! 경주에 나선 사람들은 황소의 뿔을 잡고 등에 올라타곤 했다지요.

동물이 세상을 어떻게 보는지 어떤 방법으로 알 수 있나요?

눈은 원추 세포라는 시각 세포로 색상을 구분해요. 과학자는 동물의 원추 세포에서 일어나는 화학 반응으로 동물이 어떤 색상을 구분할 수 있는지 알아내요. 그 색상을 바탕으로, 동물이 세상을 어떻게 보는지를 재구성하는 것이지요.

소는 눈이 머리 양쪽에 위치한 덕분에 거의 360도를 볼 수 있어요. 하지만 크기나 모양은 정확히 알아볼 수 없지요.

코뿔소는 공격받을 때마다 돌진하지만 시력이 굉장히 나빠요. 그래서 흰개미 집으로 돌격하거나 나무를 머리로 들이받기도 한대요.

소는 대부분의 포유류처럼 색상을 두 개밖에 볼 수 없어요. 파란색은 볼 수 있지만, 초록색과 노란색은 옅은 파란색으로 보이지요. 빨간색은 회색으로 본다고 해요.

틀렸어요!

사막은 대부분 모래로 이루어져 있다.

세상에서 가장 큰 사막은 북아프리카에 있는 **사하라** 사막이 아니라 **남극 대륙**에 있어요.
그곳은 비가 거의 내리지 않고, 물도 전부 단단히 얼어 있지요.

세계에서 **가장 높은 모래 언덕**은
중국의 **바다인 자란** 사막에 있다고 해요.
높이가 무려 **500미터**나 된다지요.

볼리비아의 **우유니 염지**는 세상에서 가장 큰 **소금 사막**이랍니다.
크기가 미국 코네티컷주와 맞먹지요.
여기는 세상에서 가장 **평평한 사막**이기도 합니다.

사실 모래 언덕은 드물어요.
사막은 대부분 바위, 자갈,
소금 알갱이 등으로 뒤덮여 있어요.

사막은 1년에 비가 250mm 이하로 내리는 곳을 말해요. 그러니까 미국에서 가장 건조한 네바다주 역시 엄밀히 말하면 사막인 셈이지요.

인간의 활동으로 사막이 생길 수 있을까요?

13세기에 폴란드 일부 지방에 살던 사람들이 주변에 있는 나무를 몽땅 베어 버렸어요. 그러자 맨 위에 있던 흙이 날아가, 32제곱킬로미터 정도 되는 땅에 모래만 남았어요. 이렇게 브웬도프스카 사막이 생겼지요. 이러한 과정이 거듭되면서, 지금도 세계 곳곳에서 더 큰 사막이 생기고 있어요.

틀렸어요! 세상에 필요한 산소는 대부분 나무에서 나온다.

대기에 있는 산소의 절반 정도가 식물성 플랑크톤에서 나와요. 바닷물에 둥둥 떠다니는 아주 작은 생물이지요.

많은 **식물성 플랑크톤**이 '**프로클로로코커스**'라는 한 가지 박테리아로 구성되어요. 4리터 정도 되는 물에 이 박테리아가 **40억 마리**나 있다고 해요.

식물성 플랑크톤은 모두 바다의 표면에서 200~300미터 사이에서만 살 수 있어요. 그 밑으로 내려가면 햇빛이 부족해서 광합성을 할 수 없어요.

어떤 **식물성 플랑크톤**은 식물처럼 **광합성**을 하지만, **동물처럼** 먹이를 꿀꺽꿀꺽 먹기도 해요.

산소는 어디에서 올까요?

나무와 식물성 플랑크톤은 광합성을 통해 산소를 만들어요. 이산화탄소와 물을 흡수한 다음, 햇빛에서 받은 에너지로 둘을 한데 섞어 포도당과 산소를 만드는 식이지요. 포도당은 나무가 힘을 내는 원료예요. 산소는 필요 없기 때문에 공기 중에 내뿜지요.

먹느냐, 마느냐? 그것이
문제로다. 무언가 바닥에
흘릴 때마다 드는 의문이지요.
답을 알고 싶다면,
36~37쪽을 읽어 보세요!
그러면 해답이 나올 테니까요.

② 그냥 틀렸어!

1929년 플리어 회사는
'풍선 조련사'를 교육했어요.
사람들에게 새로 나온
풍선껌으로 어떻게
풍선을 부는지 알려 주기
위해서였지요.

틀렸어요!

껌을 삼키면 소화하는 데 7년이 걸린다.

우리의 소화 능력은 굉장히 뛰어나 껌 정도는 몇 시간 안에 소화할 수 있어요. 몸 전체를 통과하는 데 길어 봤자 하루면 충분해요.

알고 있었나요?

- 동방 박사가 **아기 예수**에게 선물한 것이 바로 껌이라는 사실! 동방 박사의 선물 중 '**유향**'은 아프리카산 송진인데, 껌처럼 씹기도 했다네요.
- 1848년에 미국 메인주에서 출시된 '**퓨어 스프루스 껌**'은 최초로 시장에 판매된 껌이에요.
- **싱가포르**에서는 껌을 **의학적 용도**로만 씹을 수 있어요. 이 껌은 설탕이 없고, 약국에서 처방받아야만 살 수 있다고 해요.

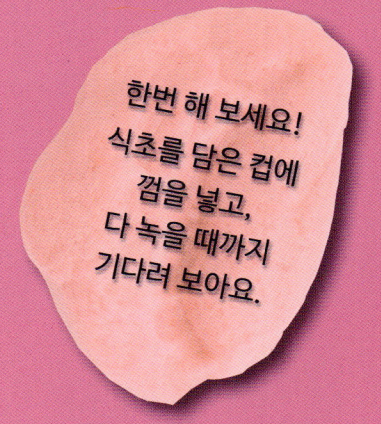

한번 해 보세요! 식초를 담은 컵에 껌을 넣고, 다 녹을 때까지 기다려 보아요.

틀렸어요!

**혀의 각 부분은
다른 맛을 느낀다.**

**혀에 맛 지도가 있다는 생각은
1901년, 독일 과학자가
잘못 번역해 퍼졌어요.**

사람들은 혀의 끝부분으로 단맛을,
맨 안쪽으로 쓴맛을, 양쪽으로 짠맛과 신맛을 느낀다고
생각하지요. 그렇지 않아요!

혀 전체로 맛을 느껴요. '미뢰'라는
조그만 돌기를 이용하죠. 혀에는 돌기가 약 8천 개 정도 있는데,
이러한 돌기는 잇몸이나 목에서도 찾아볼 수 있다고 해요.

보거나 냄새를 맡는 것만으로도 맛을 바꿀 수 있어요. **눈을 감고 음식을 먹으면** 무슨 맛인지 알기 어려워지죠.

혀의 돌기로는 **매운 고추의 맛**을 느낄 수 없어요. 대신 통각, 즉 **고통을 느끼는 감각 기관**을 자극해 입이 타는 것 같은 느낌을 자아내지요.

혀로 맛을 몇 개나 느낄 수 있을까요?

사실 맛은 다섯 개만 있어요. 단맛, 신맛, 짠맛, 쓴맛, 감칠맛! 감칠맛은 일본어로 '맛있다'는 뜻인데, 1980년대에 들어서야 과학자가 발견했지요. 감칠맛 나는 음식으로는 살라미, 버섯, 치즈, 토마토가 있어요.

틀렸어요! 번개는 같은 장소에 두 번 치지 않는다.

드물기는 하지만, 시카고에 있는 윌리스 타워는 큰 폭풍이 몰아쳤을 때 번개를 수십 번이나 맞았답니다.

번개란 무엇일까요?

번개는 폭풍이 부는 동안 공기 중에 번쩍이는 전기예요. 폭풍은 뜨거운 공기가 찬 공기와 충돌할 때 일어나요. 두 개의 공기층이 맞물리면 정전기를 만들어 내지요. (풍선을 스웨터에 문질렀을 때를 생각해 보세요!) 결국 정전기는 전류를 만들어 땅으로 돌진하게 되어요. 번개 하나에서 나오는 전기는 전구 24만 개를 켜고도 남는 양이라고 해요.

지구는 번개를 매일 **8백만 번** 맞는다고 해요. 1년으로 따지면 무려 **14억 번**이나 맞는 셈이지요.

번개는 주로 **나무**나 **고층 빌딩** 같은 높은 물체로 떨어져요. 땅에 닿을 수 있는 가장 빠른 길이니까요.

높은 빌딩에는 **피뢰침**이 설치되어 있어요. 피뢰침은 굵은 철사로 만들어졌는데, 전류가 건물 꼭대기에서 땅까지 안전하게 가도록 하지요.

벤저민 프랭클린은 **연**을 이용하여 번개를 잡으면 건전지를 충전할 수 있다고 주장했어요. 몇몇 사람이 이 실험을 따라 하다 죽고 말았어요.

어떤 **박테리아**는 **세균**이에요. 질병을 일으키는 아주 작은 생명체이지요.
이 문장의 끄트머리까지만 해도 수천 마리가 있답니다.

부엌의 **설거지대, 배수구, 수도꼭지**에는 물을 내린 변기통보다 더 많은 세균이 살아요!
하지만 **변기통**에 있는 몇몇 세균이 우리를 **더 아프게** 할 수 있지요.

틀렸어요! 바닥에 떨어진 음식을
5초 안에 주우면 아직 깨끗하다.

세균은 움직일 수 없으니까
음식으로 기어 들어갈 일도 없겠지요.
하지만 바닥이 어떻게
깨끗하겠어요?

인간의 몸은 이미 **박테리아**로 가득 차 있어요. 장속에만 대략 **100조 마리**나 살고 있어요. 대부분의 박테리아는 해롭지 않고, 우리 몸을 건강하게 지키는 데 도움이 되지요.

감기나 **배탈**은 '바이러스'라는 훨씬 더 작은 세균 때문에 일어나요. **바이러스**는 문고리처럼 손이 닿는 곳을 통해, 사람과 사람 사이를 옮겨 다녀요.

요구르트 통은 바닥에 쏟기 전부터 이미 박테리아투성이에요. 요구르트는 해롭지 않은 박테리아로, 우유를 걸쭉하고 맛있게 만든 음식이에요.

 인간이 달에 착륙했다는
말은 거짓이다.

그렇지 않아요! 2012년에 달의 궤도를 돌던 탐사선이 달의 표면에 남아 있던 우주선의 사진을 찍었어요.

달까지 가는 데 얼마나 걸릴까요?

아폴로 우주선이 달까지 가는 데에는 3일 하고도 반나절이 걸렸어요. 첫 번째 우주 비행사는 달에 22시간 동안 머물렀어요. 아폴로 17호에 탄 마지막 우주 비행사는 집으로 돌아오기 전까지, 3일 동안 달의 표면에 있었다고 해요.

알고 있었나요?

- 바람에 펄럭이는 **깃발**은 사실 **얇은 호일**을 구겨서 그렇게 보이도록 만든 거랍니다.
- 달에는 **바람도 불지 않고, 비도 내리지 않아요.** 그래서 우주인의 발자국이 수백만 년 동안 그대로 남아 있을 거예요.
- **아폴로호**의 우주 비행사는 달에서 382킬로그램이나 되는 바위를 가져왔어요. 달은 **작은 분화구(크레이터)**로 뒤덮여 있어, 지구에서 흔히 보는 바위가 없었거든요.

틀렸어요! 비행기는 빙하 지대를 지나면서 변기통에서 나온 오물을 밖으로 떨어뜨린다.

비행기의 변기통은 순수한 물이 아니라 **색깔 있는 액체 세제**로 차 있어요. 언뜻 보면 **파랗게** 보이지만, **사람의 배설물**로 가득 차 있지요.

1971년에 **거대한 얼음 덩어리**가 비행기에서 떨어져 나와 **런던의 교회 지붕**을 박살 낸 적이 있어요. 고치기에 너무 오래된 건물이라 결국 전부 허물 수밖에 없었지요.

비행기는 비행 중에 오물을 버릴 수 없어요. 하지만 쓰레기를 담는 탱크는 줄줄 샌다고 하네요! 밖으로 새어 나온 액체는 아주 차가운 공기에 얼어붙고 말아요.

해마다 **30억이 넘는 사람들**이 비행기 **320만 대**를 타고 해외로 여행해요. 그런데도 해마다 비행기에서 얼음이 나온다는 보고는 **25번**밖에 되지 않는다고 해요.

어떤 비행기의 화장실은 물로 오물을 내리지 않아요. 대신 변기 아래에 있는 **진공청소기**로 오물을 빨아들이죠.

대개 오물은 비행기가 땅에 착륙한 다음, 밖으로 퍼내요.

틀렸어요! 음식을 먹고 수영하면 쥐가 난다!

배불리 먹은 뒤에는 수영하고 싶지 않을 테지만, 한바탕 헤엄치면 기분이 좋아질 거예요.

수영이나 다른 운동을 할 때, 몸은 근육으로 피를 더 많이 보내요. **쥐가 난다**는 속설은 배부르면 피가 위에 너무 많이 쏠려서, 근육이 활동을 멈추리라는 데에서 생겼지요.

배가 부른 채로 수영하면 별로 재미가 없어요. 피가 근육으로 빠르게 흐르는데다가 위에 반 정도 남은 음식이 계속 출렁거려서 **구역질**이 나거든요.

음식을 먹은 뒤에 운동하면 종종 **옆구리**가 쑤시기도 해요. **소화 기관**이 음식으로 가득 차 있어서 평소보다 위장이 더 **출렁거리기** 때문이에요.

쥐가 날 때의 경련은 근육이 뻣뻣해져 긴장이 풀리지 않는 현상이에요. 잠을 자고 있을 때 근육에 경련이 일어나는 건 아주 흔하지요.

운동할 때 경련이 일어나면, 근육이 **수축**하고 **이완**하는 **화학적 현상**이 적절하게 일어나지 않기 때문일 수 있어요.

당근을 먹으면 시력이 좋아질까요? 많은 사람이 그렇게 말하지만 사실이라고 할 수는 없어요. 이야기를 읽으면서 사실을 구분하는 법을 배워 보아요.

③

누구나 그렇게 생각해!

남성의 약 3분의 2는 나이 들면서 머리카락이 빠져요. **호르몬(몸속의 화학 물질)** 때문인데, 희한하게도 이 호르몬은 얼굴과 몸에 털이 더 길게 자라도록 만들어요.

머리카락은 1년에 **13센티미터** 정도 자라요. **여름**에 가장 빨리 자라지요.

검은색 머리카락은 **금발**보다 **10배** 정도 더 굵어요.

틀렸어요! 머리를 밀면 머리카락이 굵어지고 빨리 자란다.

턱수염이든 구레나룻이든 머리카락이든, 몽땅 밀어 버린다고 털의 숫자가 늘지는 않아요.

19세기에는 **오소리**의 아주 부드러운 털로 **면도용 비누를 바르는 붓**을 만들었다고 해요.

왜 머리를 밀면 머리카락이 굵어진다고 생각할까요?

청소년이 면도할 때가 되면, 얼굴은 자연스럽게 덥수룩해져요. 나이를 먹을수록 얼굴에 난 수염이 더 굵고 무성해지지요. 그러니 면도할 때나 하지 않을 때나 그런 생각이 드는 거죠!

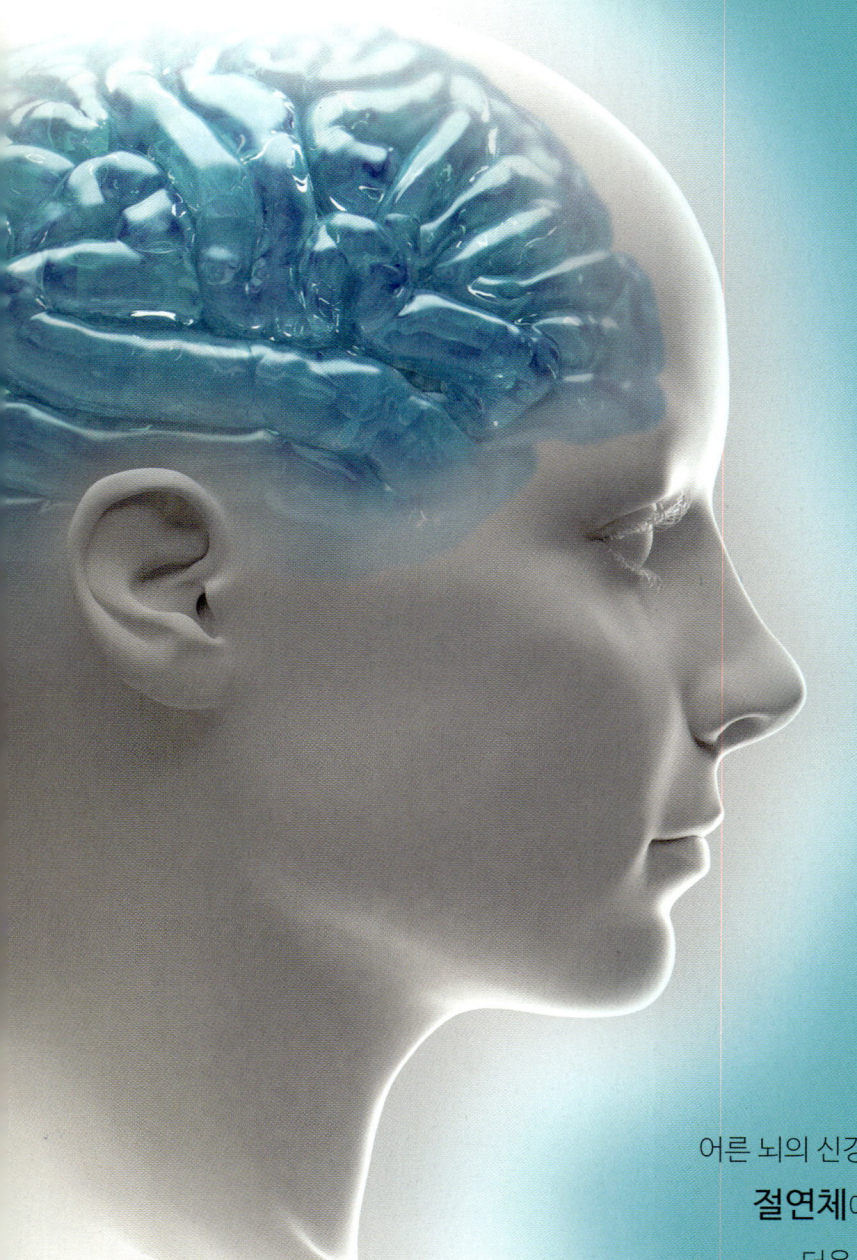

어른의 뇌에는 뇌세포가
약 **860억 개** 있다고 해요.

갓 태어난 **아기의 뇌세포**는
제대로 연결되어 있지 않아요.
그래서 사람은 태어나자마자
걷거나 말할 수 없지요.

어린아이는 새로운 뇌세포가
4분마다 **1백만 개** 자라요!
하지만 사람의 뇌가
완전히 제대로 기능하려면
15년은 지나야 해요.

어른 뇌의 신경 섬유는 (**미엘린초**라고 부르는)
절연체에 싸여 있어요. 덕분에 정보를
더욱 빠르게 전달할 수 있지요.

틀렸어요! 뇌세포가 죽으면 새로운 뇌세포가 대신할 수 없다.

**다시 생각해 보아요!
뇌 과학자는 뇌세포가
평생 새로 자란다는 사실을
알게 되었어요.**

모든 기억은 그물 같은 **뇌세포**에 저장되어요. 기억하지 못한다면 **그물**은 쪼그라들어 사라지고 말아요. 그리고 **기억**을 잃게 되는 것이지요!

신경 섬유는 아주 작은 전선처럼 일해요.
전기가 파동을 보내듯이 신호를 보내지요.
이렇게 해서 온몸에 정보를 보내요.

틀렸어요! 하루에 물을 여덟 잔 이상 마셔야 한다.

물론 목이 마르면 물을 마셔야 하지요. 하지만 하루에 물을 얼마 이상 꼭 마셔야 한다는 법은 없어요.

장거리 선수는 물을 덜 마셨을 때보다 너무 많이 마셨을 때 탈이 날 수 있다고 해요!

운동선수는 음료가 필요할까요?

과학자가 실험을 하기 위해, 운동선수에게 각기 다른 양의 물을 주었어요. 피에 직접 물을 주입하는 방식으로요. 운동선수는 자신이 물을 얼마나 받았는지 몰랐고, 모두가 똑같이 운동을 잘 끝냈어요. 물을 마시면 운동선수가 덜 피곤하게 느끼지만, 그렇다고 운동선수를 더욱 강하게 만드는 건 아니에요.

우주에는 깨끗한 물이 나오는 곳이 없어요. 그래서 국제 우주 정거장의 우주 비행사는 쓰고 남은 더러운 물을 다시 깨끗하게 만들어서 마셔요. 심지어 오줌까지 말이죠!

운동할 때, 음료를 마시기 위해 도중에 멈출 필요는 없어요.
하지만 **마라톤 선수**는 30분마다 **한 컵씩** 마셔야 해요.

틀렸어요! 금붕어는 기억력이 3초밖에 안 된다.

금붕어는 사실 기억력이 아주 좋아요. 1년이나 기억할 정도라니까요.

금붕어는 주인이 나타나면 먹이를 달라고 조르면서 수면 위로 올라오지요. 금붕어가 **사람을 알아본다**는 증거예요.

과학자가 금붕어에게 **미로에서 음식을 찾도록** 훈련시켰어요. 그랬더니 소리를 듣고 반응했다고 해요.

금붕어는 레버를 밀어 **먹이를 얻는 법**을 배우게 될 거예요. 만약 레버가 하루에 한 시간만 움직인다면, 금붕어는 딱 그 시간에만 레버를 밀겠지요.

금붕어는 금색만 있는 게 아니에요!
노란색, 하얀색, 검은색,
알록달록한 색도 있지요.

중국에서 노란색 금붕어는
황제만 가질 수 있었다고 해요.
노란색이 황제의 상징이었거든요.

금붕어는
어항 속에서
10~20년까지
살 수 있어요.

액정 화면(컴퓨터, 텔레비전, 휴대폰 등의 화면)은 전기를 받으면 **색상이 바뀌는 화학 물질**을 사용해요. 액정은 125년 전, **당근**에 있는 화학 물질을 이용해 처음 만들었어요.

알고 있었나요?

- 당근은 **눈에 좋아요**. 당근에 풍부한 **비타민A**는 망막에서 빛에 반응하는 물질을 만들거든요.
- 당근에 있는 주황색 색소를 **카로틴**이라 불러요. 카로틴은 가을에 **나뭇잎을 갈색으로** 변하게 만들기도 해요.
- 당근을 너무 많이 먹으면 피부가 조금 노래질 수 있어요.

틀렸어요!

당근을 먹으면
시력이 좋아진다.

당근이 몸에 좋기는 하지만
더 잘 볼 수 있게 하지는 않아요.
이러한 오해는 제2차 세계 대전 때,
영국 공군이 일부러 퍼뜨린
헛소문이에요.

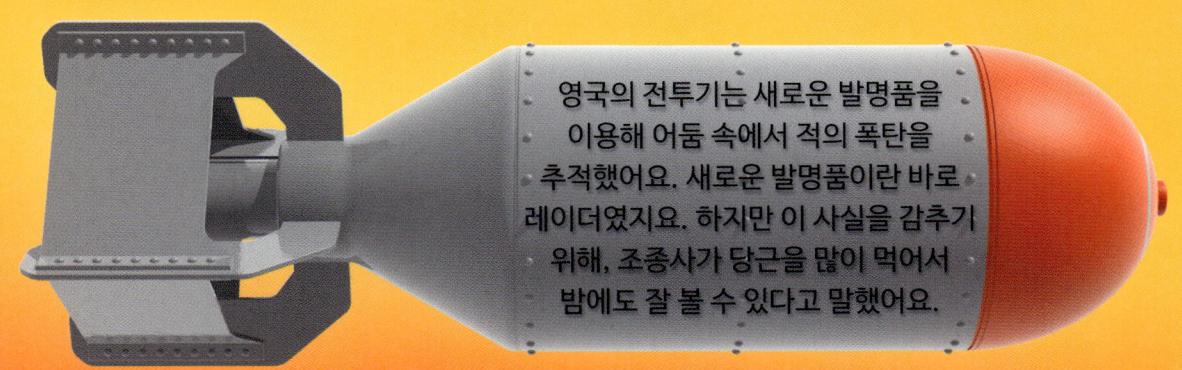

영국의 전투기는 새로운 발명품을 이용해 어둠 속에서 적의 폭탄을 추적했어요. 새로운 발명품이란 바로 레이더였지요. 하지만 이 사실을 감추기 위해, 조종사가 당근을 많이 먹어서 밤에도 잘 볼 수 있다고 말했어요.

틀렸어요! 공룡은 거대한 도마뱀이다.

영화에 나온 공룡은 하나같이 도마뱀을 닮은 모습이지만 최근에 발견된 화석에는 깃털이 많이 나왔다고 해요!

공룡의 **피부를 연구**하는 데 새로운 의견이 나왔어요. 피부가 **밝고 알록달록한 무늬**가 있는 공룡이 많았고, 영화에 나온 대로 회색이나 갈색만 있는 것은 아니었다고 해요.

티라노사우루스 렉스나 **트리케라톱스**와 같은 공룡은 적어도 몸의 일부에 **깃털**이 달려 있었을 거예요.

공룡의 깃털은 하늘을 나는 데 쓰이지 않았어요. 대신 솜털같이 **몸을 따뜻하게** 감싸는 역할을 했지요.

깃털은 **파충류의 비늘**과 같은 물질로 구성됐어요.

공룡은 사라졌을까요?

약 6천 5백만 년 전, 거대한 운석이 지구와 충돌하면서 공룡이 멸종했다고 알려져 있어요. 하지만 작은 깃털 달린 공룡은 살아남았어요. 그 공룡을 오늘날 우리는 '새'라고 부르지요!

 반려동물은
땀을 흘리지 않는다.

**동물도 땀을 흘려요.
사람만큼 흘리지 않을 뿐이지요.
대신 더위를 식히는
다른 방법이 있어요.**

알고 있었나요?

- **땀**은 우리가 덥다고 느낄 때 피부의 작은 구멍에서 나오는 **소금물**이에요. 땀이 증발할 때 열도 같이 가져가요. 그래서 우리가 시원하다고 느끼는 것이지요.
- **고양이의 땀샘**은 주로 **발바닥**에 있어요. **햄스터**는 시원해지기 위해 **털을 핥아요**.
- **하마**는 피같이 붉은 땀을 흘린다고 여겨졌어요! 사실 하마의 땀은 **주황색과 빨간색 액체**로, 뜨거운 아프리카의 여름에 햇빛을 막아 주는 역할을 하지요.

사람은 **땀샘**이 3백만 개나 있어요.

어떤 사람은 무척 더울 때 **얼굴이 빨갛게** 달아올라요. 피가 피부로 몰려서 **불필요한 열**을 내보내는 거예요.

개는 헐떡거리면서 시원함을 유지해요.
혀를 길게 늘어뜨리고, 빠르게 숨을 쉬지요.
침을 흘리면 **땀처럼 증발**하여 열을 식힐 수 있어요.

틀렸어요!

공공 수영장은 오줌을 누면 색깔이 변하는 화학 물질을 쓴다.

아이가 수영하는 동안 화장실에 가지 않아서, 부모님이 그냥 하는 말이에요.

사람들은 **수영할 때** 자기도 모르게 아주 조금씩 **똥이 나와** 씻겨 내려가요. 그래서 수영장 물은 꼭 **깨끗하게 정수해야** 해요.

수영장에서는 왜 같은 냄새가 날까요?

수영장에서 쓰는 화학 물질인 염소는 냄새가 나지 않아요. 수영장 물을 깨끗이 걸러내고 나면 인체에 무해한 화학 물질이 만들어지는데, 바로 여기에서 냄새가 나지요. 수영장에서 나는 강한 '염소' 냄새는 사실 수영장 안에 오줌이 많다는 말이에요!

물속에 **오줌을 추적하는 화학 물질**을 넣을 수는 있지요. 하지만 **사람의 피부**에서도 오줌과 비슷한 물질이 나오기 때문에 마찬가지로 수영장 색깔을 바꿀 수 있어요.

수영장 물을 삼키면 몸이 아플 수 있어요.
그렇다고 헤엄치다가 도중에 **멈추지는 마세요.**
수영 덕분에 언젠가 목숨을 구할 날이 있을지도 모르니까요!

엄격한 채식주의자와 과식주의자는 **비타민B군 영양제**를 꼭 먹어야 해요. 이 비타민은 **동물성 식품**에만 있어요. 비타민B군이 부족하면 **쉽게 피곤해져요.**

지방이 너무 많은 고기를 먹으면 **심장에 무리**가 갈 수 있어요.

완전 채식 식단이란 동물이 들어간 음식이라면 뭐든 먹지 않는 거예요. **고기, 우유, 치즈, 달걀**도 먹지 않지요.

틀렸어요! 채식주의자는 건강하지 않다.

고기가 들어가지 않은 식단도 건강에 좋을 수 있어요. 과일과 채소를 많이 먹고, 고기 대신 유제품을 먹으면 되지요.

고기를 전혀 혹은 거의 먹지 않고, **술과 담배**를 하지 않는 사람은 그렇지 않은 사람보다 **더 오래 산다**고 해요.

과식주의자는 **과일**이나 씨앗, 견과류 등 **식물**에서 딴 음식만 먹어요. 이들은 음식을 먹기 위해 생명체를 죽이고 싶어 하지 않지요.

일본의 평범한 음식에는 고기가 거의 없고, 생선과 채소만 주로 있어요. 일본인의 수명은 다른 나라보다 긴 편이에요.

틀렸어요! 높은 건물에서 떨어진 동전은
사람을 죽일 수도 있다.

건물이 아무리 높아도 동전이 떨어지는 속도는
시속 18킬로미터 정도에 지나지 않아요.
누군가를 죽이기에는 너무 느린 속도지요.

땅이 무성한 풀숲처럼 푹신하면
비행기에서 뛰어내린 쥐는 살아남을 수 있어요!

하늘다람쥐는 앞다리와 뒷다리 사이에 있는
커다란 막으로 **저항 속도**를 높여요.
그래서 땅으로 미끄러지듯 내려올 수 있지요.

중세 유럽의 군사는 투석기를 이용해 썩은 말 시체를 성 너머로 던져 버렸어요.
강력한 힘으로 땅에 떨어지면 시체가 파열하여 오물을 여기저기 퍼뜨렸지요.

땅에 떨어지는 물건은 얼마나 빠를까요?

모든 것은 중력에 의해 땅으로 떨어져요. 반면에 주변에 있는 공기는 저항을 만들어 반대쪽으로 밀어 버리지요. 결국 반대되는 두 힘이 균형을 이루어, 물건은 일정한 속도로 떨어져요. 동전은 아주 가볍고, 무게에 비해 크기가 커요. 그래서 커다랗고 무거운 돌보다 더 천천히 떨어지지요.

고양이는 7층 높이에서 떨어져도 **살아남는다**고 알려져 있어요. 발로 떨어지지 않고도 말이지요!

틀렸어요! 달에는 어두운 부분이 있다.

지구에서 우리는 달의 한 면밖에 볼 수 없어요. 우리로부터 가장 먼 바깥 면인데, 항상 어둡지는 않아요.

달의 가까운 면에는 **어두운 부분**이 군데군데 있는데, 이를 **달의 바다**라고 불러요. 달의 **가장 먼 면**에는 달의 바다가 그만큼 많지 않지만 **분화구**가 많지요.

달은 왜 모양을 바꿀까요?

한 달에 한 번, 달은 가늘게 휘어진 모양(초승달)에서 둥근 원반 모양(보름달)으로 반복해서 모습을 바꾸지요. 꼭 모양을 바꾸는 듯 보이지만, 우리가 햇빛에 비치는 부분만 볼 수 있기 때문에 그렇게 보이는 거예요. 그리고 햇빛이 달 표면을 비추지 않는 날이면 달이 없는 것처럼 보이지요. (그리고 다시 초승달이 떠올라요.)

달의 반대편을 처음 찍은 우주선은 **러시아**의 우주 탐사선인 **'루나 3호'**였어요.

달의 가장 큰 분화구는 반대편에 있어요. 이를 **'에이킨 분지'**라고 부르는데, 유럽 대륙 전체를 덮고도 남는 크기예요!

달이 지구 주변을 도는 데에는 대략 **29일**이 걸리는데, 그동안 딱 한 바퀴만 돌아요. 달은 지구 주변을 돌면서 **항상 같은 면만 보여 주지요**.

카멜레온은 주변 환경에 따라
색깔을 바꿀 수 있을까요?
90쪽을 열어 답을 알아보아요.
어떤 속설은 사실이라고 믿을
정도로 그럴 듯해요. 좀 더 유심히
살펴본다면 여러분이 알던 일들이
사실은 틀렸다는 걸 알게 될 거예요!

④ 복잡한걸!

틀렸어요! 호주에서는 배수구의 물이 미국과 반대 방향으로 빠진다.

**공기나 바다의
거대 기류로 보면 사실이지만
우리 집 욕조는 아니지요.**

해류는 일반적으로 **환류**라 부르는 거대한 소용돌이 모양으로 흘러요. **북반구**의 환류는 **시계 반대 방향**으로 흐르는데 비해, **남반구**의 해류는 **시계 방향**으로 흐르지요.

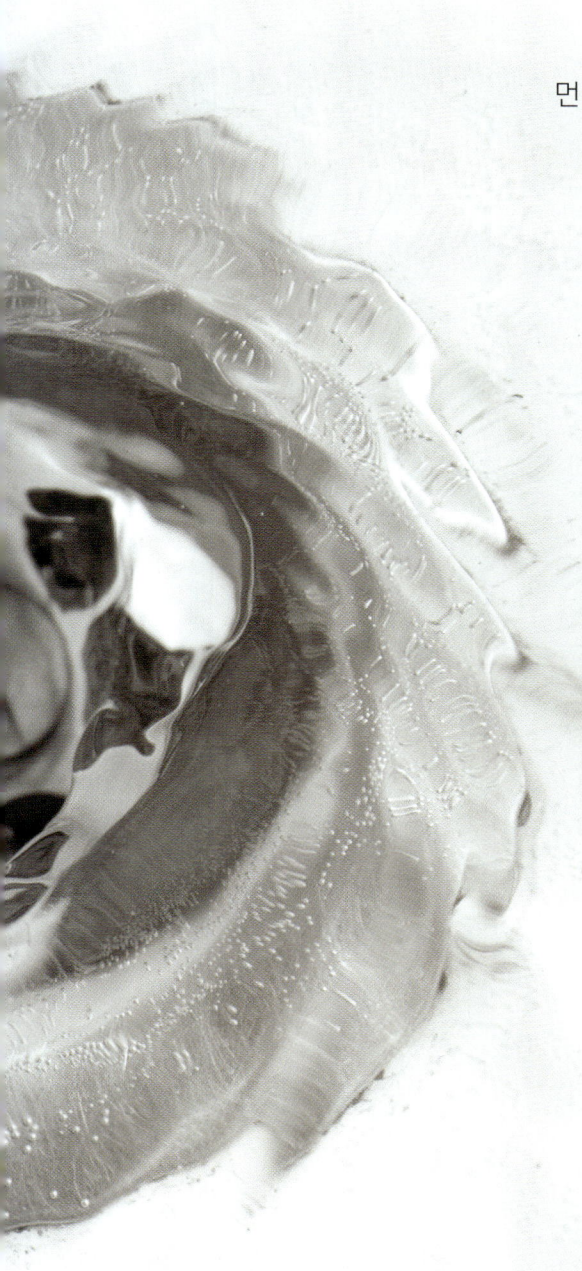

먼 거리를 날아가는 **비행기**는 **코리올리 효과**에 영향을 받기 때문에, 목적지에 다다를 때까지 **항로를 잘 조정**해야 해요.

코리올리 효과는 작은 물체에 큰 영향을 주지 못해요. **투수가 던진 야구공**은 손톱 너비만큼만 옆으로 움직이지요.

무슨 일이 일어날까요?

공기나 물이 커다란 형태로 움직이는 까닭은 지구가 서쪽에서 동쪽으로 자전하기 때문이에요. 따라서 북반구에서 부는 북쪽 바람은 시계 반대 방향으로 불며, 남반구에서 부는 남쪽 바람은 시계 방향으로 불지요. 이러한 현상을 '코리올리 효과'라고 해요.

 플라스틱 용기에 담긴 음식을 전자레인지에 돌리면 암을 일으킨다.

'전자레인지 사용 가능'이라고 적힌 플라스틱 용기는 이미 실험을 거쳤기 때문에 암을 일으키지 않아요.

음식을 포장할 때 쓰는 **일반 플라스틱** 용기는 **전자레인지** 안에서 **녹아 버려요.**

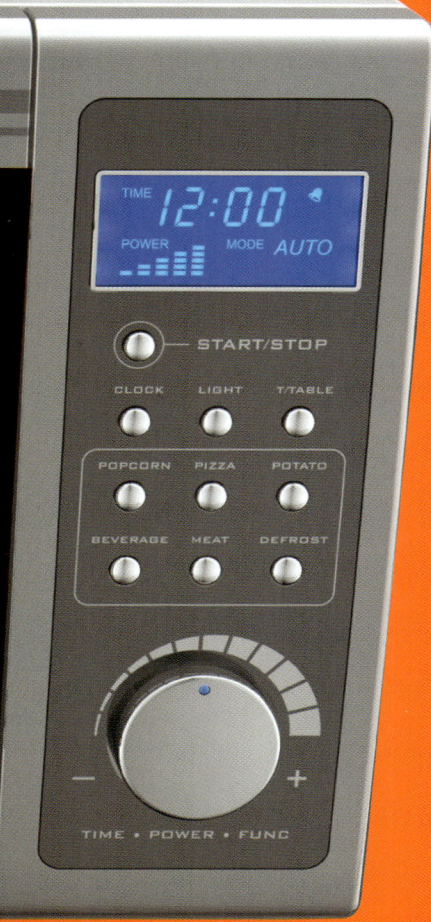

전자레인지는 음식 속으로 굉장히 **강한 전자파**를 내보내요.
전자파로 인해, 음식 속의 **물과 지방이 진동**하면서
음식을 따뜻하게 데우는 원리이지요.

금속은 전자레인지에 넣어도 뜨거워지지 않아요.
하지만 **피뢰침처럼 번쩍**거리지요.
전자레인지 안에 금속 물체가 들어가면
아주 위험한 불꽃을 내뿜으며 번쩍거려요.

전자레인지는 1940년대에
우연히 발명되었어요. 퍼시 스펜서라는
레이더 연구원이 주머니 속의 초콜릿이
전파 때문에 녹는 모습을 발견했지요.

틀렸어요!

정맥의 피 색깔은 파란색이다.
동맥은 빨간색이다.

피 색깔은 언제나 빨간색이에요.
동맥의 피가 정맥에 있는 피보다
좀 더 밝긴 하지만요.

몇몇 게와 가재의 피는 정말 파랗게 보여요.

동맥은 심장에서 먼 곳으로 피를 옮겨 줘요. 거의 모든 동맥에는 밝은 빨간 피로 가득 차 있는데, 그 안에는 **산소가 풍부**하게 들어 있어요.

정맥은 늘어진 조직으로 만들어진 **관 모양**이에요. 창백한 피부 아래서는 파랗게 보이지요.

동맥은 **근육질로 된 관**이에요. 근육은 수축하여 피를 밀어 보내는 역할을 하지요. 우리는 근육이 수축하는 모습을 느낄 수 있는데, 이를 **맥박**이라고 해요.

정맥은 피부 가까이에 있어요. 피를 다시 심장으로 돌려보내는 역할을 하지요. 정맥의 피는 **산소 부족** 상태예요. 산소를 다 썼다는 뜻이지요.

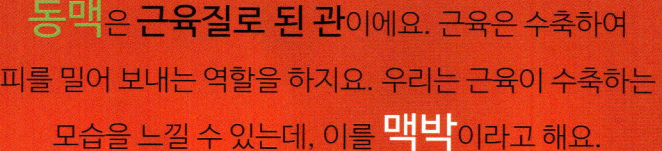

피가 붉게 보이는 이유는 **헤모글로빈**이라는 **철분**이 많은 화합물 때문이에요.

틀렸어요! 물리학의 법칙에 따르면 호박벌은 날 수 없다.

어떤 것도 물리학의 법칙을 거스를 수는 없지요. 그리고 호박벌은 날 수 있어요. 해마다 여름이면 호박벌이 나는 모습을 볼 수 있잖아요!

알고 있었나요?

- **호박벌**에 관한 속설은 1930년대에 과학자가 벌의 무게와 날개 크기를, 날개를 고정한 비행기가 나는 법과 비교하면서 나왔어요.
- 호박벌이 나는 모습은 비행기보다는 **헬리콥터와 더 비슷해요.**
- 호박벌의 **무게**는 0.5그램에 지나지 않아요. 하지만 짧고 뻣뻣한 털 덕분에 훨씬 무거워 보이지요.

호박벌은 꽃에서 과일즙을 훔쳐 가요. **꽃**의 맨 아랫부분을 잘라 내어 **달콤한 액체**가 나오도록 입구를 연 뒤 단번에 가져가지요.

호박벌은 땅속에 터널을 파서 둥지를 만드는데, 최대 **400마리**까지 살 수 있어요.

호박벌의 빳빳한 **털**은 몸을 **따뜻하게** 유지하는 역할을 해요. 그래서 나비와 같은 곤충이 추위에 약한 것과 달리 아주 **추울 때에도 날아다닐 수 있어요.**

이러한 종류의 벌은 **꿀**을 만들지 못해요. 대신 **애벌레**에게 **꽃가루**와 깨끗한 **과일즙**을 먹이지요.

우주에는
중력이 없다!

틀렸어요!

**꼭 그렇지는 않아요!
지구가 태양 주위를 돌게 만드는 힘도 중력이에요.**

모든 물체에는 **중력**이 **당기는 힘**이 있어요.
지구는 우리보다 훨씬 크니까 당기는 힘도
그만큼 엄청나지요.

우주 비행사는 우주에서 **무중력 상태**로 둥둥 떠다녀요.
주변에 돌아다니는 것과 **같은 속도**로
움직이기 때문이지요.

롤러코스터를 탈 때, 속도가 빨라지며 **가파르게 언덕 위**로 올라가면
무중력 상태가 된 것처럼 느껴요. 그러다 맨 꼭대기로 올라가는 순간,
붕 떠오르지요.

우주선은 어떻게 궤도에 그대로 있을까요?

우주선은 강력한 로켓을 달고, 지구의 중력 반대 방향으로 발사되어요. 발사된 우주선이 다시 끌어내리려는 지구의 중력과 균형을 이루면, 행성의 궤도를 돌면서 지정한 방향에 그대로 머물 수 있지요.

 에베레스트산은
세상에서 가장 높다.

에베레스트산이 해발(해수면) 기준으로
가장 높은 산인 건 맞아요. 하지만
다른 기준으로 더 높은 산도 있어요.

알고 있었나요?

- **에콰도르의 침보라소산은** 6,267미터로, 8,848미터인 에베레스트산보다 낮아요. 하지만 침보라소산은 지구가 가장 튀어나온 지점인 **적도 근처에** 있지요. **지구의 중심을 기준으로 할 때,** 침보라소산이 에베레스트산의 꼭대기보다 **2,168미터 더 높다**는 것을 뜻해요.

- **하와이섬의** 사화산인 **마우나케아산의** 정상은 해발 4,205미터예요. 하지만 해저부터 재면, 높이가 무려 **10,200미터**나 되어요!

에베레스트산의 정상에는 산소가 거의 없어요. 해수면에 있을 때와 비교해서 **3분의 1밖에 되지 않지요.**

지구에서 **두 번째로 높은 산**은 **K2**인데, **등반 사고**가 가장 많기로 악명이 높아요. 등산가 넷 중 하나가 정상에 오르다가 목숨을 잃었다고 해요.

에베레스트산의 **정상**을 뒤덮은 바위에는 **조개껍데기**의 **화석**이 있어요. 그러니까 그곳에 있는 바위는 한때 **바닷속에 있었다**는 증거가 되지요.

틀렸어요! 심장 마비가 일어나면 왼쪽 팔이 아프다.

꼭 그렇지는 않아요.
심장 마비가 일어나도 아무런 고통을
느끼지 않는 사람도 있어요.

건강한 심장을 위해서는 과체중하지 말고, 기름진 음식을 너무 많이 먹지 마세요. 그리고 규칙적인 운동을 하세요.

심장 마비는 피가 **심장**으로 가다 멈추는 경우를 말해요. **심장 박동**이 멈추진 않지만, **심장 근육**은 바로 멈추지요.

심장 마비가 항상 고통을 일으키지는 않아요. 대신 **속이 울렁거리거나** 행동이 **둔해지고**, 약간 **어지러울** 수 있어요.

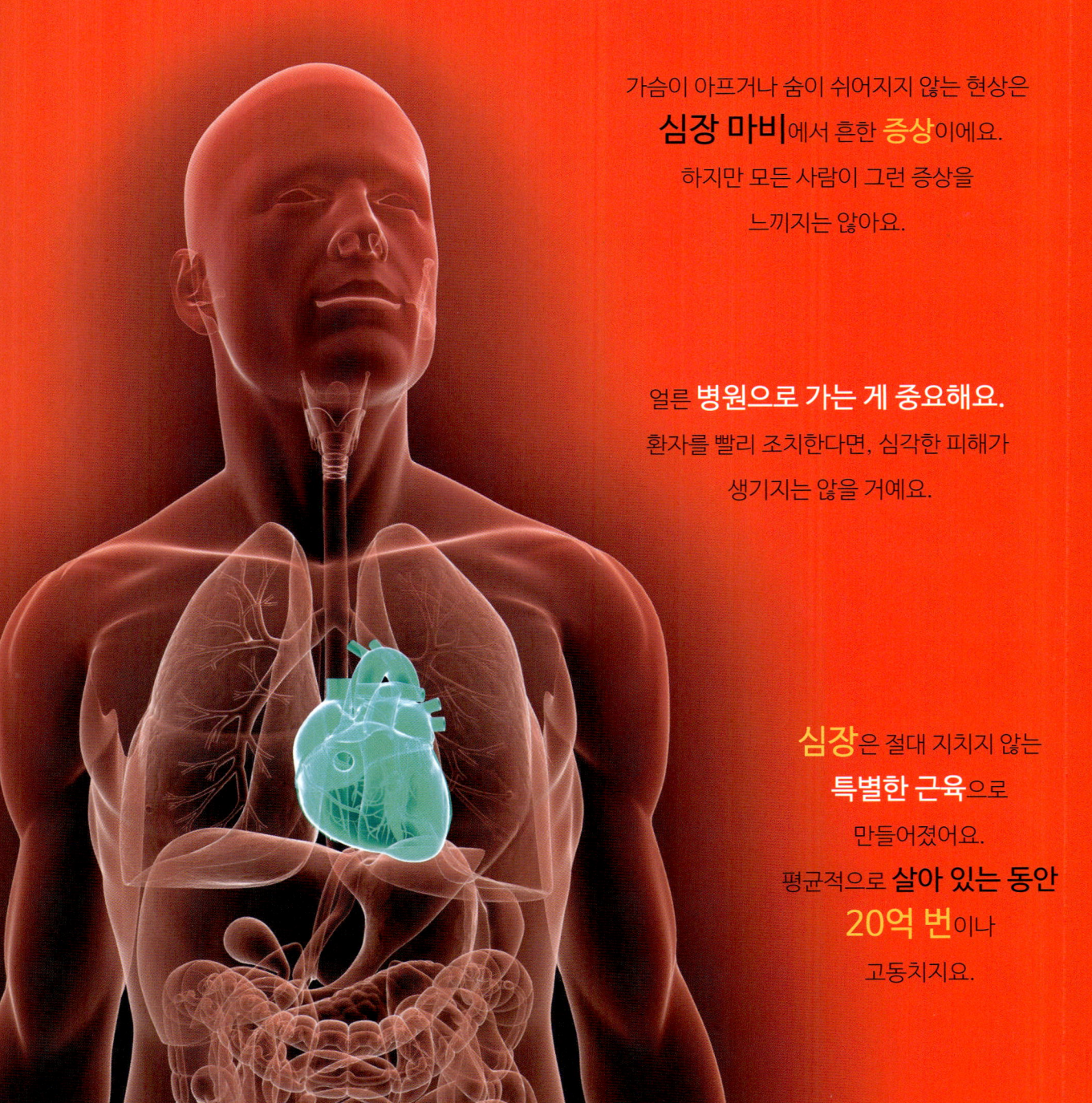

가슴이 아프거나 숨이 쉬어지지 않는 현상은 **심장 마비**에서 흔한 **증상**이에요. 하지만 모든 사람이 그런 증상을 느끼지는 않아요.

얼른 병원으로 가는 게 중요해요. 환자를 빨리 조치한다면, 심각한 피해가 생기지는 않을 거예요.

심장은 절대 지치지 않는 **특별한 근육**으로 만들어졌어요. 평균적으로 **살아 있는 동안** **20억 번**이나 고동치지요.

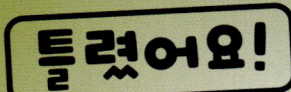 지렁이를 반으로 가르면
두 마리가 된다.

지렁이는 반으로 잘려도 살 수 있지만 그렇다고 두 마리가 되는 것은 아니에요.

지렁이를 자를 때 **꼬리와 두툼한 몸통 구간 사이를 자르면**, 잘린 부분에 새로운 꼬리가 자라요. 잘린 꼬리는 죽어 버리지요.

편형동물은 지렁이와 관계가 없는 종으로, 여러 부분으로 잘려도 각각 새로운 종으로 자라나요.

지렁이의 머리는 꼬리보다 **둥근 모양**이에요. 만약 머리와 몸통 사이를 자르면 두 부분 모두 죽고 말아요.

비가 내리면 지렁이는 땅 밖으로 나와요.
땅속이 **물로 가득 차** 버리거든요.
새가 땅을 톡톡 두드리며 빗소리를 내면,
지렁이는 비가 오는 줄 알고 밖으로 나와요.

약 4천 제곱미터
(축구장 두 배 정도)의
땅에는 지렁이가
백만 마리 넘게 살아요.

세상에서 **가장 큰 지렁이**는
오스트레일리아에 있어요.
길이가 무려 **3.7미터**나
된다고 하네요.

틀렸어요!

상어가 숨을 쉬기 위해서는
끊임없이 헤엄쳐야 한다.

몇몇 종이 헤엄칠 때 숨을
가장 잘 쉬긴 하지만, 상어는 모두
잠깐 쉬었다 갈 수 있어요.

수염상어는 재미있는 소리를 내는 오스트레일리아에 사는 상어인데, 헤엄을 거의 치지 않아요. 녀석은 **해초처럼 변장**하고 가만히 숨어 있다가 지나가는 물고기를 휙 잡아채지요.

상어가 정말 잠을 자는지는 알 수 없어요. **척수**가 근육을 조절하는 사이, 뇌가 잠들 수는 있지요. 그래서 **헤엄치면서 동시에 잠을 잘 수 있는** 거예요.

고래상어는 아가미로 숨을 쉬면서 동시에 먹이를 먹기도 해요. 고래상어는 이빨이 없지만, 솜털 같은 **아가미**로 물에서 **플랑크톤**을 걸러서 먹지요.

상어는 어떻게 숨을 쉴까요?

대부분의 상어는 목 근육을 이용하여 아가미로 물을 빨아들여요. 그러면 물속에 녹아 있는 산소를 흡수할 수 있지요. 백상아리와 같은 몇몇 종은 앞으로 헤엄을 치면서 물줄기를 만들어요. 이때 입을 크게 벌리면 물이 더 많이 들어오면서 더 빨리 갈 수 있지요.

헤엄치며 호흡하는 것을 가리켜 **램 호흡**이라고 불러요. **암초상어**가 대표적으로 램 호흡을 하지요. 덕분에 상어는 **헤엄치지 않고도 쉴 수 있고**, 산소 함량이 특히 높은 동굴을 찾아다닐 수 있어요. 램 호흡은 아가미를 끊임없이 움직이도록 하지요.

틀렸어요! 별똥별은 땅에 떨어질 때 무척 뜨겁다.

별똥별은 대기를 뚫고 쏜살같이 떨어질 때 뜨거워져요. 하지만 땅에 떨어지고 남은 것은 만질 수 있을 정도로 식어 버려요.

대부분의 별똥별은 남극 대륙에서 발견돼요. 어두운 돌덩이가 하얀 얼음 위에 있으니 눈에 잘 띌 수밖에요.

별똥별은 하늘에서 **유성**이 타오를 때 만들어지는 빛줄기예요. 땅에 떨어진 돌덩이를 가리켜 **운석**이라 부르지요.

알고 있었나요?

- 대기에 닿기 전에 **우주의 돌**은 아주 차가워요. **영하 271도**나 된다고 해요.
- 공기와 마찰을 일으키면 **우주의 돌(유성)**은 속도가 올라가면서 점점 뜨거워져요. 돌이 타오르면서 **불줄기**를 만들어 내지요.
- **마찰** 때문에 일어나는 열은 땅에 가까워지면서 사라져요. 그래서 땅에 닿을 때에는 뜨겁지 않은 거예요.

유성이란 무엇일까요?

유성은 사실 별이 아니에요. 조그만 별똥별이지요. 아주 작은 모래 크기에 지나지 않아 대기에 닿으면 완전히 타서 없어져요. 확실하지는 않지만, 300톤이 넘는 모래 알갱이가 매일매일 우주에서 대기로 온다고 해요!

어떤 운석은 태양계가 만들어진 뒤에 남은 **아주 오래된 돌**이에요.

틀렸어요! 카멜레온은 위장하기 위해 색깔을 바꾼다.

이 멋진 도마뱀은 색깔을 바꿀 수 있어요. 하지만 더울 때나 추울 때, 사랑을 느낄 때, 무서울 때 등 기분에 따라서 바꾸는 것뿐이에요.

도마뱀의 피부 세포는 **다른 색상**을 띈 화학 물질로 채워져 있어요. 도마뱀은 이 세포를 **수축하거나 팽창**하여 색깔을 여러 가지로 바꾸는 거예요.

대부분의 카멜레온은 **초록색** 또는 **갈색**이에요. 수풀 속에 **모습을 숨기는 데 효과적**이지요.

문어와 갑오징어도 제 모습을 감추는 능력이 있어요.
카멜레온보다 빨리 색깔을 바꿀 수 있어요.

카멜레온은 눈을 따로 움직일 수 있는 몇 안 되는 동물 중 하나예요.
그래서 한 번에 두 가지를 볼 수 있지요.

카멜레온이 몸 색깔을 완전히 바꾸는
데에는 약 1분 정도 걸려요.

다른 많은 도마뱀도 피부 색깔을 더 밝게
또는 어둡게 바꿀 수 있어요.

이야기는 무척 재미있지요.
하지만 그뿐이에요.
영화에 나온 과학이 무척
흥미롭지만, 항상 옳은 건
아니에요. 뉴턴의 사과도
알려진 바와 좀 달라요.

⑤ 대중 매체가 만든 착각!

 인간은 공룡이 살던 시대에 생겨났다.

포유류는 **공룡**이 살던 시기와 맞물려 **진화**했지만, 모두 작은 동물에 불과했어요.

원시인은 털북숭이 **코뿔소**, **매머드**, **검치호**, 버스만 한 **나무늘보**와 함께 살았어요!

공룡이 멸종하고 6,400만 년이 지나서야 인간과 비슷한 생명체가 처음으로 지구에 나타났어요.

오늘날 보이는 **대부분의 포유류**는 **약 3천만 년 전부터 진화**했어요.

현재의 **인간과 가장 비슷한 원시인**은 **호모 하빌리스**예요. 약 **2백만 년 전**에 **아프리카**에서 살았던 종이지요.

현재의 **인간**은 **약 20만 년 전,** 아프리카에 처음 나타났어요. 45,000년 전에 이르러서는 남극 대륙과 북남미 대륙을 뺀 세계 모든 곳에 살게 되었지요.

공룡은 6,600만 년 전 **소행성이 지구에 충돌**하면서 사라지고 말았어요.

틀렸어요!

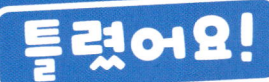

레밍은 집단 자살을 한다.

레밍은 들쥐와 친척뻘 되는 동물이에요.
주로 바위투성이 초원에 살지요.
가끔 눈이 내릴 정도로 추운 곳이에요.

레밍은 무리 지어 살기를 좋아해요.
하지만 초원이 너무 붐비기 시작하면
더 조용한 곳으로 이동해요.

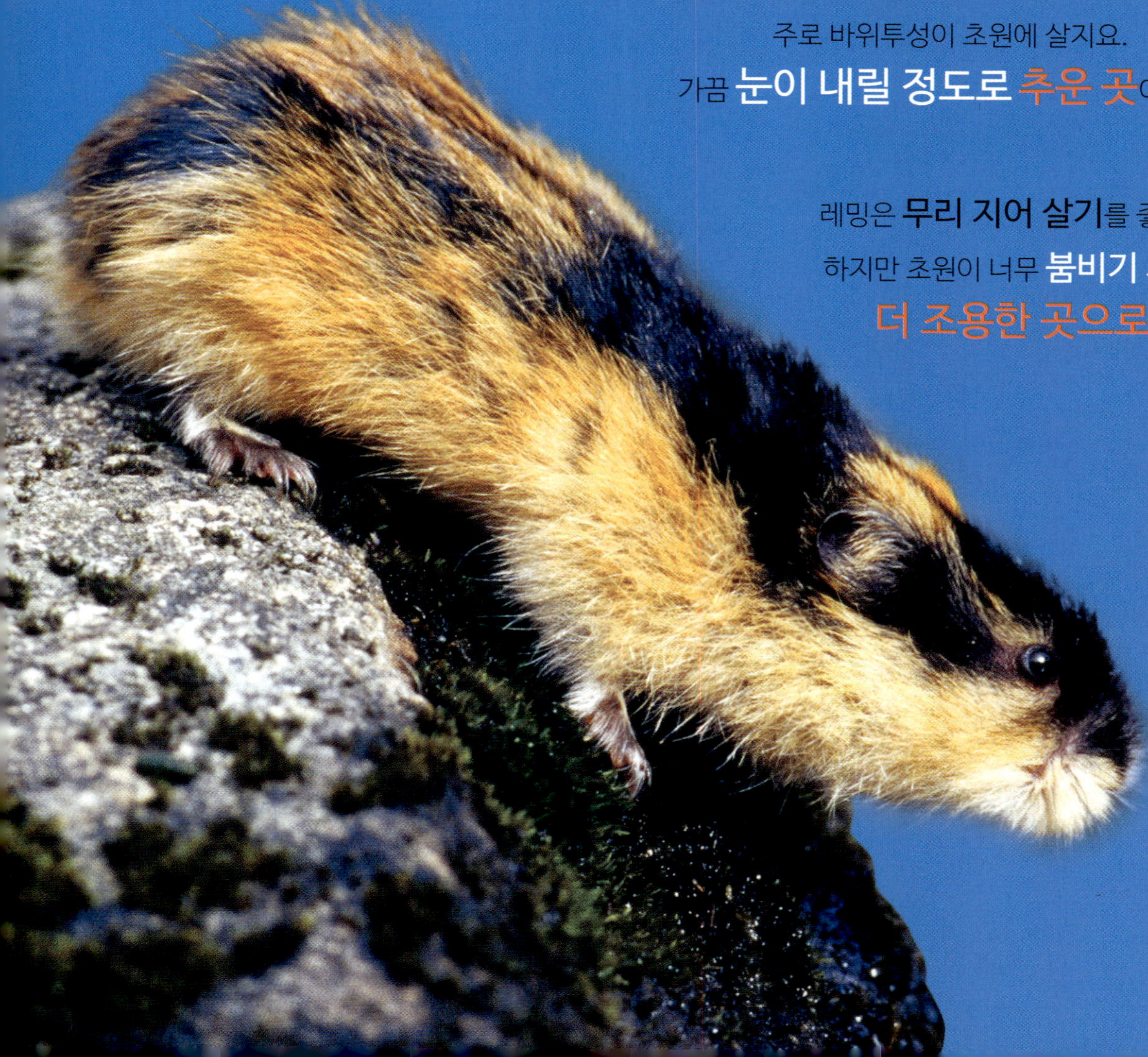

1958년에 찍은 자연 다큐멘터리를 보면 레밍이 절벽 위에서 뛰어내리는 장면이 나와요. 촬영 기사가 레밍을 던져 버렸다고 하네요!

어미 레밍은 해마다 **새끼**를 **다섯 마리**씩 낳아요.

새끼가 다른 새끼를 낳을 정도로 **자라는 데에는 7주**밖에 걸리지 않아요.

그러니 삽시간에 붐비겠지요.

레밍은 겨울에 먹기 위해, 풀을 잘라서 잘 말려 둬요.

어쩌다가 이런 말이 퍼지게 되었을까요?

드문 경우지만, 여기저기 돌아다니던 레밍이 어쩔 수 없이 한데 모이기도 해요. 이를테면, 거대한 바위틈에 하나둘 끼다 보니 북적일 때가 있어요. 이 때문에 레밍은 이상한 행동을 보이기 시작해요. 마구 흥분하여 날뛰기도 하고, 여기저기로 달려가기도 하지요. 어떤 녀석은 혼란에 빠진 나머지, 절벽 위에서 뛰어내리기까지 해요. 하지만 그저 사고일 뿐 자살은 아니에요.

뉴턴은 머리 위로 사과가 떨어지는 것을 보고 중력을 '발견'했다.

사람들은 **아이작 뉴턴** 이전부터 **중력**에 대해 알았어요. 이미 **200년 전부터** 중력이라는 단어가 나왔지요.

사과가 나무에서 떨어지는 모습을 본 뉴턴은 지구가 **사과를 끌어당기는 힘**은 달과 행성이 **공전하는 힘과 같다**는 것을 알게 되었지요.

과학자는 지금도 (중력과 같은) 힘을 측정하는 데 **뉴턴 단위**를 사용해요. **1뉴턴**은 1킬로그램의 물체를 1초에 1미터를 옮기는 데 필요한 **힘**이에요.

중력은 어떻게 작용할까요?

모든 물체에는 중력이 있어요. 행성과 같은 거대한 물체는 사과처럼 작은 물체보다 중력이 크지요. 힘의 크기는 거리에도 영향을 받아요. 따라서 멀리 있는 물체가 가까이에 있는 물체보다 힘이 약하지요. 과학자는 뉴턴의 중력 법칙으로 그 값을 알아내요.

뉴턴은 중력이 어떻게 작용하는지 설명하는 **수학식**을 밝혀냈고, 이 수학식은 **지금도 쓰여요.**

아이작 뉴턴은 80대가 돼서야
사과 이야기를 했어요.
중력에 관한 연구를 시작한 지
60년이 지나서였지요.
자신의 머리 위로 사과가
떨어졌다는 말은 하지도
않았어요!

틀렸어요!

코끼리도 무덤이 있다.

코끼리의 무덤이 있다는 증거는 없어요. 하지만 많은 코끼리 해골이 종종 한곳에서 발견되곤 하지요.

가장 이른 형태의 **무덤**은 오래전 **유럽**에서 살던 코끼리의 **대량 뼈 화석**이었어요. 그때 많은 코끼리가 **원시인**의 손에 죽고 말았거든요.

코끼리는 **가족**을 이루어 살아요.
공격받을 때 **함께 뭉치지요.**
어른 코끼리가 새끼를 둘러싼 뒤,
공격에 맞서 싸워요.

한곳에 **코끼리의 해골**이 여러 개
발견되었다는 보고가 몇 개 있어요.
코끼리 가족이 **사냥꾼**에게 한꺼번에
살해된 것으로 보고 있어요.

코끼리일까요? 키클롭스일까요?

키클롭스는 신화에 나오는 외눈박이 거인이에요. 그리스 신화에 등장하지요. 아마도 코끼리 해골에서 모습을 따왔을 거라고 추측되어요. 코끼리 코라고 짐작되는 부분에 커다란 구멍이 있거든요. 여기에 커다란 눈구멍이 하나만 있는 해골을 떠올리게 되었지요.

틀렸어요! 복제 동물은 똑같다.

영화에서 복제 동물은 기계에서 만들어지고, 부모와 똑같이 생겼지요. 믿지 마세요!

복제에 관한 세 가지 진실

- 복제 동물은 연구실에서 다른 동물, 즉 부모의 유전자를 복사하여 만든 동물을 말해요.
- 복제 동물은 부모와 유전자가 같기 때문에, 무척 닮아 보일 수 있어요. 하지만 항상 더 어려지지요.
- 물론, 식물도 복제할 수 있어요. 우리가 먹는 대부분의 바나나는 1834년 영국에서 재배된 바나나의 복제품에서 나오지요.

아래에 보이는 양처럼, **일란성 쌍둥이**는 **자연적으로 생긴 복제 동물**이라 할 수 있지요. 유전자는 같지만, 둘 사이에는 **아주 작은 차이**가 꼭 있어요.

유전자는 어떻게 작용할까요?

유전자는 신체를 어떻게 만드는지 가르쳐 주는 역할을 해요. 하지만 유전자가 만들어 낸 신체는 언제나 주변 환경의 영향을 받아요. 예를 들어 음식이나 질병은 동물이 어떻게 자라고, 어떤 모습이 되는지에 영향을 줄 수 있어요.

거미는 위험해요,
그렇죠? 물론 몇몇은 그렇지요.
하지만 요 귀여운 타란툴라는
그렇지 않아요. 단지 그럴듯하게
들린다고, 그게 꼭 사실은 아니에요.

⑥ 그럴듯하게 들리는걸!

 바나나는
나무에서 자란다.

**바나나는 나무만큼 높이 자라지만
정확히 나무는 아니에요.
바나나는 몸통이 없고,
커다란 잎으로 구성되어 있어요.**

바나나는 세상 사람들이
가장 많이 먹는 과일이에요.
우리는 사과와 오렌지를
합친 양보다 바나나를
더 많이 먹지요.

알고 있었나요?

- 바나나는 **잎이 많은 식물**이에요. 즉 사과 나무보다 **파슬리**와 더 가까운 관계이지요.

- 바나나는 **다발**로 자라는데, 이를 두고 '손'이라고 불러요. 손 하나에 '손가락'이 **15개 정도** 자라지요. 그게 바로 바나나 열매예요.

- 야생 바나나는 **동남아시아**에서 처음 나왔어요. 하지만 오늘날 대부분의 바나나는 **남미**에서 자라요.

바나나와 **플랜테인**은 꽤 비슷하게 생겼어요. **바나나는 부드러워지고 달콤해지면** 바로 먹을 수 있는 반면, **플랜테인**은 딱딱하고 **반드시 요리**해서 먹어야 해요.

틀렸어요! 1914년부터 1918년 사이에 일어난 제1차 세계 대전으로 가장 많은 사람이 죽었다.

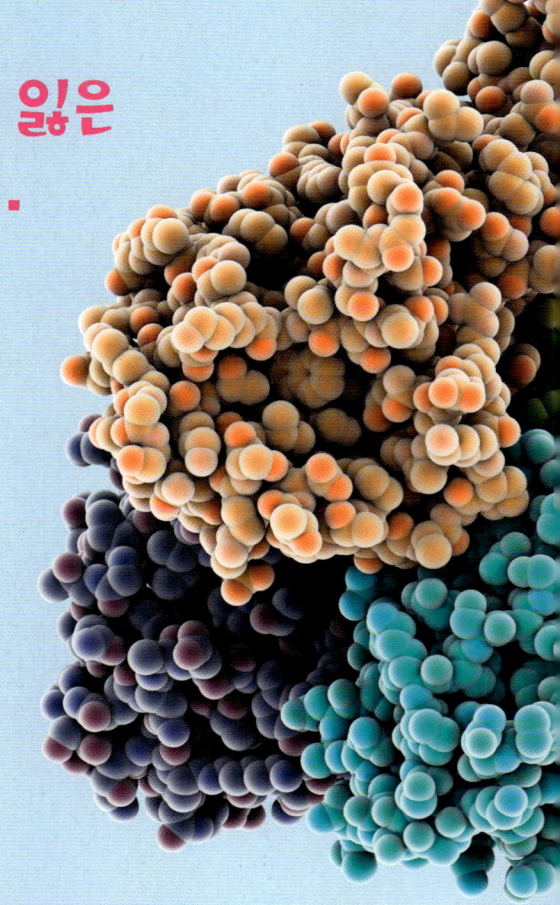

제1차 세계 대전으로 목숨을 잃은 사람은 1천6백만 명이었어요. 1918년 유행한 독감은 1억 명 가까이 되는 생명을 앗아갔지요.

1918년에 유행한 **독감**을 **스페인 독감**이라고 해요. 1920년에 이르러서는 전 세계로 퍼졌지요. 아주 멀리 떨어진 **태평양 섬**까지 말이에요.

스페인 독감은 중국, 오스트리아, 미국 캔자스주에서 시작되었어요. 하지만 정작 스페인에서 퍼지지는 않았지요.

전 세계 인구의 5분의 1이 스페인 독감에 걸렸어요. 그중에 10분의 1이 세상을 떠나고 말았지요.

독감은 질병을 일으키는 아주 작은 매개체 때문에 일어나요. 이 매개체를 바이러스라고 부르지요.

바이러스는 인체 세포를 마음대로 이용하여 자기 자신을 닥치는 대로 복제하도록 만들어요.

2009년에 멕시코에서 스페인 독감과 비슷한 바이러스가 나타나 전 세계로 퍼졌어요. 이때에는 의료 기술이 한층 발달한 덕분에 14,286명만 목숨을 잃었지요.

 어린 새를 만지면
새의 어미가 자기 자식을
거부할지도 모른다.

**부모 새는 새끼를 돌보려고
무척 열심히 일해요. 그리고 누군가
아기 새를 만진다고 해도
버리지 않아요.**

사람이 아기 새를 만지면 이상한 냄새가 묻어서,
부모 새가 그 냄새를 맡을 거라고 생각하는
경우도 있어요. 사실 대부분의 새는
냄새를 잘 맡지 못해요.

어미 새는 둥지에 누군가의 손길이 닿으면
떠나야겠다고 결심할 테지요.

다 큰 재갈매기의
부리에는 붉은 점이 있어요.
새끼 재갈매기는 그 점을
콕콕 찍어 부모에게 자신이
배고프다는 사실을 알려요.

뻐꾸기는 다른 새의 둥지에 **알을 낳아요.**
둥지 주인인 어미 새가 이를 알아채지 못하면, **제 자식**인 줄 알고 키운답니다.

알을 깨고 몇 시간 뒤, **아기 새**는 자신이 보기에 가장 큰 대상을 따라가요.
보통 그 대상은 **어미 새**가 되지요.

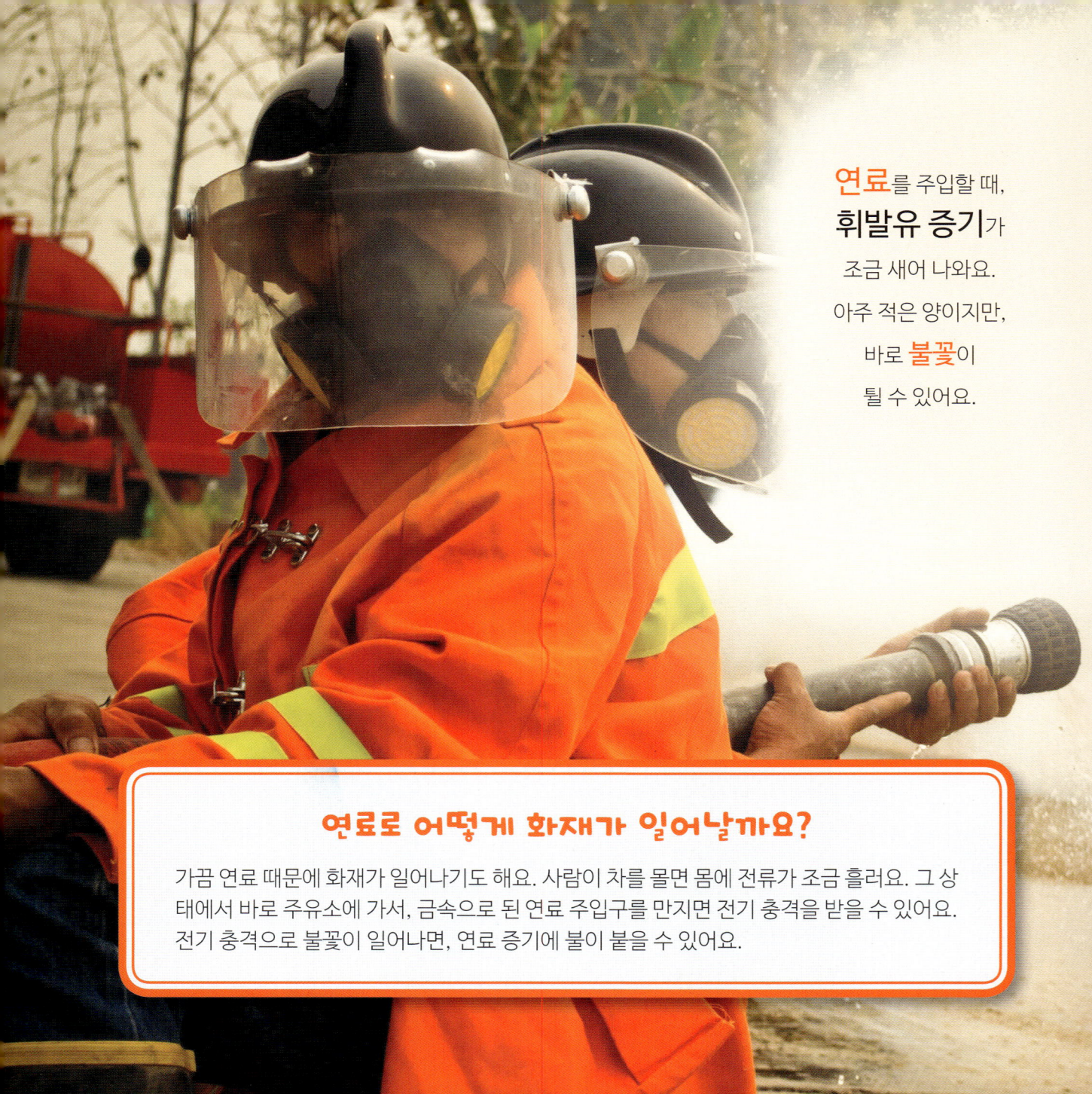

연료를 주입할 때, **휘발유 증기**가 조금 새어 나와요. 아주 적은 양이지만, 바로 **불꽃**이 될 수 있어요.

연료로 어떻게 화재가 일어날까요?

가끔 연료 때문에 화재가 일어나기도 해요. 사람이 차를 몰면 몸에 전류가 조금 흘러요. 그 상태에서 바로 주유소에 가서, 금속으로 된 연료 주입구를 만지면 전기 충격을 받을 수 있어요. 전기 충격으로 불꽃이 일어나면, 연료 증기에 불이 붙을 수 있어요.

틀렸어요! 주유소에서 휴대폰을 쓰면 불이 날 수 있다.

휴대폰으로 휘발유에 불을 냈다는 사람은 지금까지 없었어요.

휴대폰이 처음 쓰일 때, 사람들은 주유하면서 작은 **전자 제품**을 쓰면 **위험**할지 모른다고 생각했어요.

휘발유는 물에 둥둥 떠요. **소방관**은 물을 써서 불타는 연료를 끌 수 없어요. 대신 **불연성 가스**나 **거품**으로 불꽃을 죽일 수 있지요.

바비큐 그릴에 불을 붙이려고 액체 휘발유를 쓰는 건 좋은 생각이 아니에요. 불꽃에서 보이지 않는 증기가 나와 다 태워 버릴 수 있거든요.

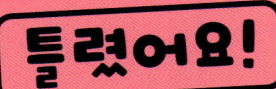 아이가 설탕을 먹으면
과잉 행동 증상이 생긴다.

설탕 때문에 아이가 그런 게
아니에요. 그냥 재미나서
그럴 뿐이지요!

과잉 행동이 무엇인가요?

과잉 행동을 보이는 아이는 무언가에 집중하기, 가만히 앉아 있기, 조용히 있기를 힘들어 해요. 의사는 이런 행동을 보이는 아이의 피에 설탕이 정상보다 적게 들었다는 사실을 알게 되었어요. 너무 많은 게 아니라니까요!

생일 파티에 모인 **아이들**은 **단 음식**을 많이 먹고, 파티 내내 무척 신 나지요. 부모는 그 이유가 **설탕 때문**이라고 짐작해요. 하지만 **틀렸어요.**

설탕은 우리 몸을 움직이는 데 필요한 주요 원료예요.
우리 몸은 설탕을 **글리코겐**이라는 화학 물질로 저장한 뒤,
필요할 때 **포도당**으로 바꾸어 천천히 내보내지요.

의사가 몇몇 아이들에게 **설탕이 든 음식**을 주고,
다른 아이들에게는 다른 방식으로 **단맛을 낸 음식**을
주는 실험을 했어요. 각각 아이들 모두 음식을 다 먹은 뒤,
같은 방식으로 행동했어요.

운동하기 전에 **포도당으로 만든 알약**을 먹는
사람은 **시간 낭비**를 한 거나 다름없어요.
우리 몸은 글리코겐이 다 떨어질 때까지
포도당이 필요 없거든요. 그렇게 되기까지는
아주 힘든 운동을 두세 시간 정도 해야 해요.

틀렸어요! 타조는 모래 속에 머리를 푹 집어넣는다.

'모래 속에 머리 박기'라는 말은 어떤 문제를 무시한다는 뜻이에요. 하지만 이 커다란 새들은 정말로 그럴 정도로 똑똑하지 않지요.

어미 타조는 땅속에 구멍을 파고 알을 낳아요.
이따금 부리로 알을 이리저리 굴리지요.
멀리서 보면, 마치 타조 머리가 땅속에 있는 것처럼 보여요.

타조의 눈은 사람보다 두 배나 크고
그만큼 멀리 볼 수 있어요.

타조는 **날개**를 **방향키**처럼 써서, 포식자로부터 도망칠 때 재빨리 방향을 바꿔요.

타조의 키는 약 **2미터** 정도 되어요. 날 수는 없지만 시속이 최대 한 시간에 **70킬로미터**에 이를 만큼 엄청나게 **빨리 뛸 수 있지요.**

타조는 땅 위에 바짝 엎드려서 포식자의 눈을 피할 수 있어요. 들켰다고 해도 상대방을 휙 할퀼 수 있는 **커다란 발톱**이 있지요.

수컷 타조의 털은 **검은색**이에요. **암컷**은 **갈색**이고요.

블랙홀의 가장자리를 가리켜
'사건의 지평선' 이라고 불러요.
이 선을 넘으면 절대 블랙홀에서
벗어날 수 없지요!

유명한 과학자 **스티븐 호킹**은
블랙홀이 입자를 뿜어낸다는
사실을 밝혔어요. 이러한 현상을
'호킹 복사' 라고 부르지요.

틀렸어요!

블랙홀은 주변의 모든 것을
몽땅 빨아들인다.

블랙홀의 중력은 엄청나게 강해요.
하지만 빨아들이는 만큼 내뱉기도 하지요.

만약 **우주 비행사**가 블랙홀에 빠지면,
사건의 지평선을 넘으면서
몸이 고무줄처럼 늘어날 거예요.

블랙홀은 우주에 있는 것이라면
무엇이든 구부릴 수 있기 때문에
시간까지 영향을 받아요.
그래서 저 멀리 있는 우주보다
시간이 더 느릴 수도 있지요.

호킹 복사란 무엇일까요?

작은 입자는 블랙홀에 끊임없이 밀려들고 빠져나가요. 짝을 지어 들어왔다가, 다시 순식간에 사라져 버리지요. 입자 한 쌍이 사건의 지평선 양쪽에 나타나요. 하나가 블랙홀 속으로 들어가면 다른 하나는 빠져나오지요. 그러니까 블랙홀은 서서히 입자를 내뿜는 거지요.

틀렸어요!

상어는 사슴보다 위험하다.

대부분의 상어는 남을 죽이기 위해 태어났지만, 해마다 더 많은 사람이 사슴 때문에 목숨을 잃어요.

알고 있었나요?

- 해마다 미국에서 **상어**에게 목숨을 잃는 사람의 수는 **한 명**이지만, **사슴** 때문에 죽는 사람의 수는 **130명**이나 되어요.

- 간혹 상어가 **공격하는 이유**는 수영하는 사람을 **물개로 착각**하기 때문이에요. 사람은 상어가 생각한 맛이 아니기 때문에 금방 뱉어 버린다고 하네요.

- 사슴은 **자동차 사고**로 사람들의 목숨을 앗아가요. **무스**와 같은 커다란 사슴은 무게 때문에 가장 위험해요.

해마다 **상어의 공격**이 **수천 번** 일어나지만, 이로 인해 목숨을 잃은 사람은 **여섯 명**에 지나지 않아요.

사슴은 **미국**에서 가장 위험한 동물이에요. **일본**에서 가장 위험한 동물은 **장수말벌**이지요. 30번 쏘는 **맹독**의 양은 사람 한 명을 죽이고도 남아요.

사람은 한 해에 무려 **천만 마리**가 넘는 **상어의 목숨**을 앗아 가요! 대부분 지느러미 때문인데, **상어 지느러미**가 중국식 수프인 **샥스핀**의 주요 재료거든요.

틀렸어요! 타란툴라 거미는
아주 위험하다.

타란툴라의 독니는 말벌의 침보다 위험하지 않아요.

타란툴라는 공격을 받으면 몸에서 가시 같은 털을 날려요.
털이 눈이나 입술에 닿으면 무척 아프지요.

가장 큰 타란툴라는 **골리앗 버드이터**예요. 무려 **30센티미터**나 되지요.
하지만 이름과 달리, 벌레를 먹고 살아요.

타란툴라 이름은 어디에서 왔을까요?

아메리카 대륙을 탐험하던 유럽인은 이 거미를 보고, 이탈리아 도시 타란토에 사는 거미와 닮았다고 생각했대요. 실제로는 이탈리아 거미가 더 작고, 별로 상관도 없었는데 말이지요. 13세기, 이 거미에 물리면 미친 듯이 춤을 춘다는 소문이 퍼졌어요. 그래서 빠른 박자의 춤인 타란텔라에서 거미의 이름을 딴 거예요.

아프리카에 사는 타란툴라는
바분 거미라고 불러요.
바분 거미는 그 어떤 거미보다
위험해요. 한 번이라도 물리면
구역질을 하지요.

오스트레일리아에서는
타란툴라를 **휘파람 거미**라고 불러요.
사람들을 향해 쉭쉭 소리를 내거든요.

암컷 타란툴라는 30년 정도 살아요.
수컷 타란툴라는 10년도 채 못 살아요.

틀렸어요! 북극곰의 털은 하얗다.

그렇게 보이겠지만, 아주 가까이서 보면 털이 무색투명한 걸 알게 될 거예요.

털에 관한 세 가지 진실

- 북극곰의 털은 **속이 비어 있고 공기로 가득 차 있어요**. 덕분에 아주 추운 날씨에도 몸을 **따뜻하게** 유지할 수 있지요.
- 털 아래에 있는 **북극곰의 피부**는 **검은색**이에요.
- 포유류 대부분의 털에는 **세 가지 색소**가 섞여 있어요. 이 색소가 사라지면 털은 **회색**이 되다가 완전히 **하얗게** 되지요.

북극곰의 발은 눈 속에서 걷기 좋도록 아주 크지요. 바다에서 수영할 때에는 커다란 발을 **노처럼 사용**해요.

그리즐리 곰은 털이 '**회색빛** (grizzled)'이라서 붙은 이름이에요. 털은 갈색이지만, 털끝이 은빛 나는 회색이지요.

찾아보기

ㄱ
감칠맛 33
갑오징어 91
고추 33
공룡 56-57, 94-95
과식주의자 62-63
과잉 행동 114
광합성 26-27
그리즐리 곰 125
금붕어 52-53
기억 49, 52
깃털 56-57
껌 30-31

ㄴ
나침반 8
남극 9
남극 대륙 24, 88, 95
뉴턴 92, 98-99
뇌 18-19, 48-49

ㄷ
달 12, 15, 38, 66-67, 98
달 착륙 38
당근 44, 54-55
도마뱀 56, 90-91
독감 108-109
땀 58-59

ㄹ
롤러코스터 79
램 호흡 87
레밍 96-97

ㅁ
만리장성 12-13
맛, 미각 20, 32-33
맹독 121
멜라닌 16
문어 91
미뢰 32

ㅂ
바나나 102, 106-107
바이러스 37, 109
박테리아 26, 36-37
번개 34-35
별똥별 88-89
복제 102-103, 109
북극 8-9
북극곰 124-125
블랙 팬서 16-17
블랙홀 118-119
빙산 10

ㅅ
사슴 120-121
사막 24-25
산소 26-27, 74-75, 81, 87
상어 86-87, 120-121
세균 36-37

재갈매기의 부리에 붉은 점이 있는 이유는 무엇인가요?

수명 20, 63
시력 22-23, 44, 55
식물성 플랑크톤 26-27
심장 마비 82-83

아인슈타인 19
에베레스트산 80-81
연료 112-113
오로라 9
오줌 50, 60-61
유성 89
유전자 102-103
유향 31
원시인 94-95, 100
위장 17, 90

자기장 8-9
장수말벌 121
전자레인지 72-73
중력 65, 78-79, 98-99, 118
지렁이 84-85
진화 94
질병 36, 103, 109
쥐(경련) 42-43

채식주의자 62-63

ㅋ

카멜레온 68, 90-91
코끼리 100-101
코리올리 효과 71
코뿔소 23, 94
키클롭스 101

타란툴라 거미 104, 122-123
타조 116-117

편형동물 84
포도당 27, 115
표범 16-17
플랑크톤 10, 26-27, 87

하늘다람쥐 64
해류 70
햄스터 58

호박벌 76-77
호킹 복사 118-119
홍해 10
환류 70

뉴턴은 떨어지는 사과를 보고 중력을 발견했을까?

WHY EVERYTHING YOU KNOW IS WRONG!
Copyright © 2015 Toucan Books Ltd
All rights reserved.
Korean language edition © 2021 by Booknbean Publisher
Korean translation rights arranged with TOUCAN BOOKS LTD c/o Jenny Rosson,
International Rights through EntersKorea Agency, Ltd., Seoul, Korea.

이 책의 한국어판 저작권은 (주)엔터스코리아를 통한 저작권자와의 독점 계약으로 책과콩나무가 소유합니다.
저작권법에 의하여 한국 내에서 보호를 받는 저작물이므로 무단전재와 무단복제를 금합니다.

우리가 잘못 알고 있는 사실들
이게 정말 정답일까?

펴낸날 초판 1쇄 2021년 4월 20일
지은이 톰 잭슨 | **옮긴이** 김미선 | **펴낸이** 정현문 | **편집장** 양덕모 | **편집** 우치현 | **마케팅** 신유진 | **디자인** Design Esther
펴낸곳 책과콩나무 | **등록** 제2020-000163호 | **주소** 서울시 영등포구 양평로 157, 1212호
전화 02-3141-4772(마케팅), 02-6326-4772(편집) | **팩스** 02-6326-4771 | **이메일** booknbean@naver.com
블로그 http://blog.naver.com/booknbean | **인스타그램** www.instagram.com/booknbean01
ISBN 979-11-89734-67-1 (73400)

*잘못된 책은 구입한 곳에서 바꾸어 드립니다.
*이 책 내용의 전부 또는 일부를 재사용하려면 반드시 저작권자와 책과콩나무 양측의 동의를 받아야 합니다.

책과콩나무에서는 우리나라 아동문학을 이끌어 나갈 좋은 작품을 찾습니다. 그림책, 저학년, 중학년, 고학년,
청소년을 위한 책 한 권 분량의 작품을 booknbean@naver.com으로 보내 주십시오.

·제품명	아동 도서	·제조자명	책과콩나무	·제조국명	대한민국	·전화번호	02-6326-4772
·주소	서울시 영등포구 양평로 157, 1212호			·제조년월	2021년 4월 20일	·사용연령	8세 이상

·주의사항 : 종이에 베이거나 긁히지 않도록 조심하세요. 책 모서리가 날카로우니 던지거나 떨어뜨리지 마세요.
KC마크는 이 제품이 공통안전기준에 적합하였음을 의미합니다.